汉字看中国

古代人怎样计时？

李海生 ○ 文
睿鹰绘画 ○ 图

希望出版社

时间不是从钟表里来的
而是从时间表里来的
妈妈这么说完
就帮我做了一张兴趣班
时间安排表

现在，人们上学、上班、赴约等，都会根据时间安排好出行计划，还可以设个闹钟，准点提醒，准时到达。

你猜猜，在很久很久以前的古代，没有发明钟表以前，人们是怎么来分辨和记录时间的呢？

目　录

太阳和月亮是古人的钟……6

根据日月变化计算天时……8

根据太阳划分的时段……10

根据月亮划分的时段……12

根据天气冷暖和植物生长划分四季……14

一个季节还可以这样划分……16
太阳的影子也可以判断时间……18
有指针的日影计时器……20
物候变化都在二十四节气里……22
阴天怎么计时……24

改来改去的"刻制"计时法……26
古人对天的观测学说的演变……28
演示天象运行的仪器出现了……30
现代机械类钟表的祖先……32
以十为单位的计时周期……34
不断演变的"时辰"制……36

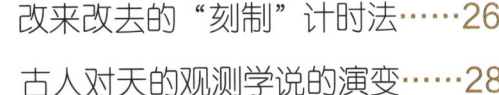

看太阳的方位也能计时……38
结合天地特征的天干地支纪年法……41
十二生肖也做了计时法……42
五更分别是现在的什么时间？……44
用"小时"来计时了……46

汉字看中国

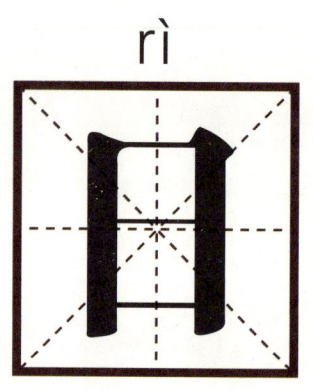

古文字形中,"日"字的圆圈像发光的太阳,中间的点代表阳光,本义指太阳。

日,是部首字,以日取义的字多与太阳有关。

太阳和月亮是古人的钟

在远古时代,没有钟,也没有表,一天也没有按照 24 小时来划分计算,人们每天都是天亮就出去干活,天黑了才收工休息。

他们怎么知道一天中的时间呢?那只能抬头看天了!

太阳升起,天亮了就是白天;月亮升起,天黑了就是夜晚。聪明的古人根据太阳和月亮在天空中的位置和圆缺变化,来判断是早晨、中午还是傍晚、午夜……并逐渐总结出了它们周期性的运行规律,又结合昼夜长短的变化、冷暖的变化、动植物的变化等,最终确定了年、季、月、日之间的相对关系。

古代人怎样计时？

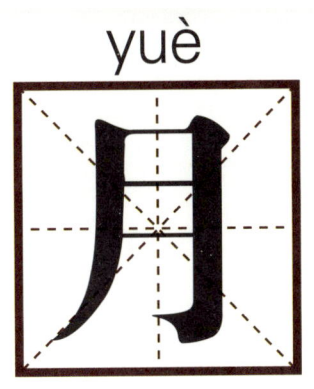

古文字形中，"月"字的外形像一轮弯弯的月亮，中间的点代表月光，本义指月亮。

月，是部首字，以月取义的字多与月亮有关。"肉"旁也多写作月，但是字义与月亮无关。

在先秦时期的古籍《尚书》中，就有了关于日食的记录。据考古人员推断，最早的关于日食的记载是在公元前2000多年。最早关于月食的记录是在公元前1000多年。另外，还有很多关于恒星、彗星和流星雨的记录呢！

汉字看中国

shí

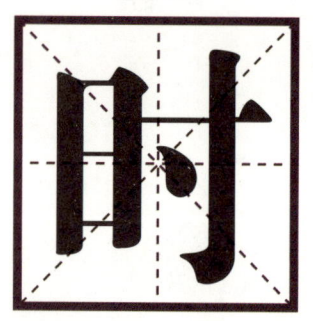

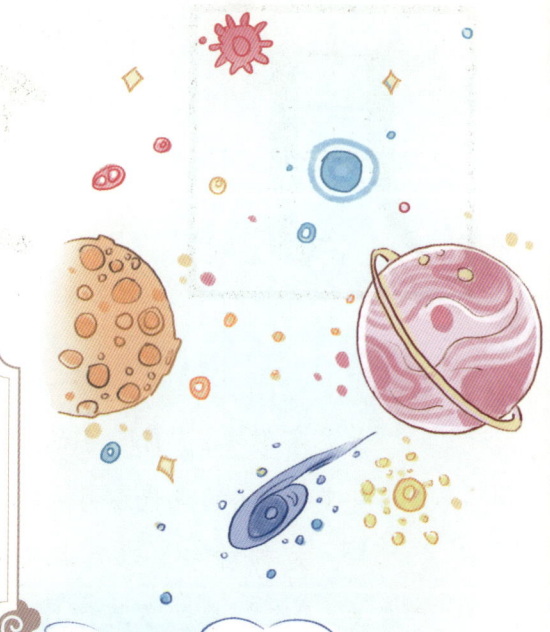

古文字形中，"时"字的"日"旁表示与太阳有关；"止"（脚印）表示前往，合起来表示太阳运行形成四时。本义指时令季节，后来也指时辰。

根据日月变化计算天时

古人最初以为大地是平的，不知道我们所在的地方是悬浮在宇宙中的一个星球——地球，更不知道白天和黑夜是因地球自转而产生的，正对着太阳的地方是白天，背对着太阳的地方是黑夜。至于地球还会绕着太阳公转，春、夏、秋、冬因此更替，就更是古人无法知晓的了。他们只能根据太阳升到天空中的相对位置，来判断是早晨、中午还是黄昏。

古代人怎样计时？

我们的祖先观察到月亮有圆缺现象，它的变化周期差不多是 29 天半，为了不出现半天的尴尬，就把月份分为大月和小月，大月 30 天，小月 29 天。第一天叫初一，第二天叫初二，依此类推；不过从第十一天开始，可以省去"初"字，叫十一。

根据太阳划分的时段

古人根据一天中从日出到日落太阳高度的变化情况,把白天分成了不同时段:日出、食时、隅(yú)中、日中、日昳(dié)、晡(bū)时、日入。

日出时叫旦、早、朝、晨;将近日中时叫隅中;太阳正中叫日中;日入时叫夕、暮、昏、晚。古人最初一日两餐,早饭在日出之后、隅中之前,这段时间叫食时;晚饭在日昳之后、日入之前,这段时间叫晡时。

古代人怎样计时？

zhòu

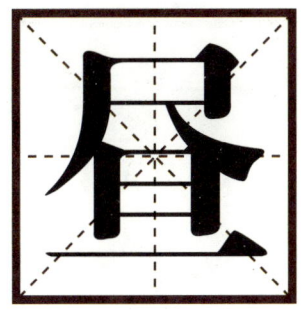

古文字形中，"昼"字中的"日"表示与太阳有关，"聿（yù）"像一只手拿着画笔，合起来像拿着笔画太阳，表示太阳初升运行，开始新的一天。本义指白天，后来简化为"尺"和"旦"，表示日升一尺高，有太阳光照着就是白天了。

从早晨日出开始，到傍晚日落，是一昼；从天黑月升到天亮月落，是一夜。一昼一夜，是一天。古人根据太阳和月亮的变化，把一天分成十二个不同时间段的方法，叫天色计时法。

汉字看中国

yè
夜

古文字形中，"夜"字的"大"代表与人有关；"夕"代表月亮，指示部位。合起来表示月亮升到人的腋下这么高的时候，就是夜晚了。本义指夜晚。

根据月亮划分的时段

古人看到太阳落山，天色逐渐昏暗，就知道进入了夜晚。

他们根据月亮从升起到落下的变化把夜分成了五个时段：黄昏、人定、夜半（就是半夜）、鸡鸣（指要天亮的时候）、平旦（也称为平明，指天刚亮的时候），后来，也把这五个时段称为"五更"。

古人还根据夜晚月亮的圆缺变化情况,总结出规律的周期来记录时间,把月亮从亏到圆,从圆到亏的周期定为一个月,又把一个月分成四个主要的时间点:晦、朔、弦、望。

晦是月终;朔是初一;弦分上弦(每月的初七、初八)和下弦(每月二十二、二十三);望是十五。

后来,月份的时间单位就用了"月"。

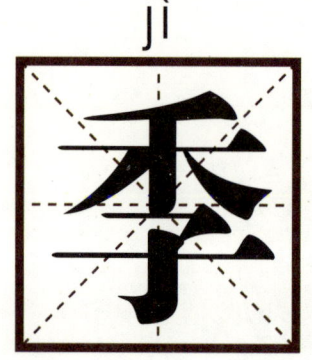

jì

古文字形中，"季"字的上面是"禾"，表示禾苗；下面是"子（婴儿）"，表示幼小。合起来表示幼小的禾苗。本义指幼小的禾苗，引申指兄弟中最小的一个；每个季节最后一个月也称为季，后来，也泛指季节了。

根据天气冷暖和植物生长划分四季

古人开始种植谷物，将其作为粮食以后，农业生产成为生活中最重要的事情。人们根据昼夜长短和天气冷暖变化的规律，结合农作物播种、开花、结穗、成熟等情况，把一年分成了春、夏、秋、冬四个季节，还总结出了年、季、月、日之间的相对关系。

春耕、夏耘、秋收、冬藏，从播种到收藏，四个季节结束了，就是一年。

古代人怎样计时?

> 古文字形中,"年"字的上面是"禾",指禾苗谷物;下面是"人"。合起来表示人背着禾,表示谷物、庄稼成熟了就是一年。本义指谷物成熟,引申指一年的时间。

传说,五帝之一的帝喾(kù),根据天象变化和动物活动、植物生长的规律情况,划分了四季的节令,并修订了颛顼(zhuān xū)的历法。从此,人们可以根据节令安排农事活动的时间了。东晋时期的天文学家虞喜、何承天经过长期观测发现,冬至点逐年都会差一小段,他们把这种现象叫"岁差"。南北朝时期的祖冲之制作的《大明历》还把岁差写进了历法,并发明了利用晷影计算冬至时刻的新算法。

> 古文字形中,"岁"像一把大斧头,表示收割庄稼。本义是收割。古时候,农作物一般都是一年一熟,因此引申指年。

chūn

古文字形中,"春"字的上方是"草",中间是"屯"(古文字形像草木发芽),下方是"日",合起来表示万物发芽生长的时候是春天。本义指春季。

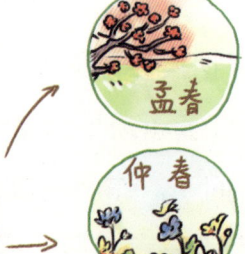

一个季节还可以这样划分

古人把一年分为春、夏、秋、冬四个季节,每个季节又分为孟、仲、季三个不同时段。比如春季分为:孟春、仲春、季春。孟春指早春,仲春指春天中间的时段,季春就是晚春。夏、秋、冬三个季节也是这样划分的。

xià

古文字形中,"夏"字上面的"页"像一个人的头,两侧张手,下面露足,合起来像炎热的夏天露出手足的人形。用于指夏季,也指华夏人。

古代人怎样计时？

古文字形中，"秋"字整体看上去像一只蟋蟀的样子，表示虫鸣秋来是谷物成熟的季节。本义指庄稼成熟的季节是秋天。

相传为夏朝历书的《夏小正》可能已经初步确定了十二月历，并按月分述了相应的物候、星象、农事、祭祀活动等，其中，篇幅最多的是每月的物候和人们的农事活动，说明当时的人们已经遵循规律的物候变化情况来安排农时，进行农业生产了。

古文字形中，"冬"字像一根绳子两头打了结（古人用结绳的方法记事），表示冬天是年终的季节。本义指终结。后来，下面加了两点，表示冰，表示年尾结冰的季节是冬季。

汉字看中国

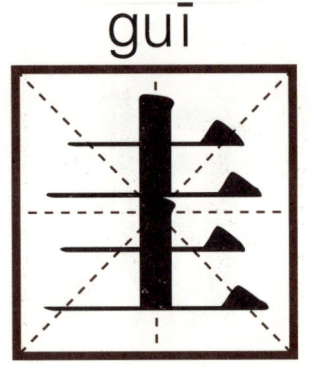 

古文字形中,"圭"由上下两个"土"组成,表示古代诸侯非常重视土地。本义指帝王分赐给诸侯做封地凭证的玉(上尖下方形),后来也指测日影的工具圭表等。

太阳的影子也可以判断时间

起初,古人通过观察太阳在天空中的高度和位置变化,来判断白天的时间。后来,聪明的古人发现,太阳投射在地面上的影子,也会随着天空中太阳的变化而发生变化。人们很快就想到,可以通过观测太阳影子的长短和方向的变化来判断时间。

人们首先发明了最早的时间记录仪——圭表。据考古发现,早在陶寺遗址时期,就已经有了圭表测影的记录了。

在圭表中,直立在平地上测日影的标杆和石柱,叫表;正南正北方向平放的测定表影长度的刻板,叫圭。当太阳照着表的时候,圭上就出现了表的影子,再根据影子的方向和长度,就能判断出时间了。

古代人怎样计时？

古人通过圭表测量和计算时间，将每年影子最长的那天定为"日至"（又称日长至、长至、冬至），影子最短的一天定为"日短至"（又称短至、夏至）。在春秋两季各有一天昼夜的时间长短相等，便定为"春分"和"秋分"。

汉字看中国

guǐ

古文字形中，"晷"字的"日"旁表示日影，"咎"含有灾的意思，合起来表示人们根据太阳影子的变化来确定农时，以免错过农时。本义指太阳的影子，后来特指古代利用日影测定时刻的仪器——晷。

有指针的日影计时器

后来，古人又发明了另外一种利用太阳的影子测量时间的计时仪——日晷。日是指太阳，晷表示影子，日晷的意思为"太阳的影子"。

日晷通常由铜制的指针和石制的圆盘组成，铜制的指针叫"晷针"，垂直地穿过圆盘中心，起着圭表中立竿的作用，晷针又叫"表"；石制的圆盘叫作"晷面"，安放在石台上，呈南高北低，使晷面平行于天赤道面，这样，晷针的上端正好指向北天极，下端正好指向南天极。

晷面两面都有刻度，分成子、丑、寅、卯、辰、巳、午、未、申、酉、戌、亥十二时辰，每个时辰又等分为"时初""时正"，这样就正好是一天24小时。当太阳光照在日晷上时，晷针的影子就会投向晷面，并随着太阳的移动而慢慢移动，指示到不同的时辰位置上。

古代人怎样计时？

日晷不仅能显示时刻，还能显示节气和月份。当然它的缺点也很明显，看不到阳光的时候不能用，比如阴天和晚上。

周朝时期，人们就已经开始使用日晷测量时间了。

汉字看中国

古文字形中，"节"字的"竹字头"表示植物竹子，代表竹子各段结节的连接部分。本义指竹节，后来也泛指草木枝干间坚实的结节处。

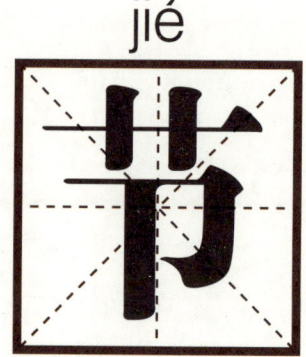

jié

物候变化都在二十四节气里

古人利用圭表测量太阳投射的影子计算时间，确定了"春分""秋分""夏至"和"冬至"，成为最初的节气。

据考证，节气的使用最早可追溯到夏商时期，到了秦汉时期，已经确立了二十四个节气。后来又制定了《太初历》，正式把二十四节气收入历法。二十四节气反映了太阳在一年当中的运动规律。

二十四节气分为十二节令和十二中气。月初的叫节令，月中以后的叫中气。在公历中它们的日期是相对固定的，上半年的节气在6日前后，中气在21日前后，下半年的节气在8日前后，中气在23日前后，前后差为1~2日。

二十四节气的命名反映了季节、物候和气候的变化现象。反映季节现象的是：立春、春分、立夏、夏至、立秋、秋分、立冬、冬至；反映物候现象的是：惊蛰、清明、小满、芒种；反映气候变化的现象是：雨水、谷雨、小暑、大暑、处暑、白露、寒露、霜降、小雪、大雪、小寒、大寒。

汉字看中国

lòu
漏

古文字形中,"漏"字的"水"旁表示流水;"屚"是漏的本字,表音,也表示水从屋顶漏下来,合起来的本义是屋漏,后来泛指从缝隙中透过或滴下来。

阴天怎么计时

　　圭表和日晷都是利用太阳的影子来测定时间的,要是遇上阴雨天就失去了作用。于是,古人又发明了不受天气影响的漏壶,漏壶是一种带孔的壶,也叫漏刻,是利用滴水或漏沙来计量时间的一种仪器。

　　水漏是用壶装水,利用水均衡滴漏的原理,根据壶中刻箭上显示的数据来计算时间。漏刻的计时单位是刻,在指示水深的竹或木制的箭尺上,对应一个昼夜升降的长度划分出一百个相等的间距,每个间距就是一刻。

古代人怎样计时？

　　沙漏是通过流沙推动齿轮组，使指针在刻盘上指示时刻。用沙代替水来计时，可以避免水因气温变化而影响计时精度。

　　古人又将漏刻与夜间的更点制相结合，把漏刻分为昼漏和夜漏两种。

　　漏壶是用来计量一日内时辰的仪器，相当于现代的钟表，而且，漏刻不受白天或黑夜的影响，也不受晴天或阴天的限制，可以让人随时都能获得比较准确的时刻。

　　除了使用圭表、日晷、漏刻等仪器，古人也用香的燃烧时长来计量一段时间。

古文字形中，"刻"字的"刀"旁表示用刀；"亥"表音。本义指雕刻，后来引申指计时单位，十五分钟为一刻。

改来改去的"刻制"计时法

古人发明了计时的漏壶后，就有了漏刻制。为了让时间更加精确，古人一开始把十时辰制进一步划分成均衡的一昼夜一百刻，一刻约合现在十四分二十四秒（将近十五分钟）。后来，又改造为一百二十刻、一百零八刻。

古代人怎样计时？

　　经过几次改制，一直到明朝末年，欧洲的现代天文学知识传入中国，人们又提出九十六刻制的改革，到了清朝初期，才将九十六刻制正式确定下来。

　　这样，一昼夜九十六刻，一个时辰有八刻，一刻相当于现在的十五分钟。

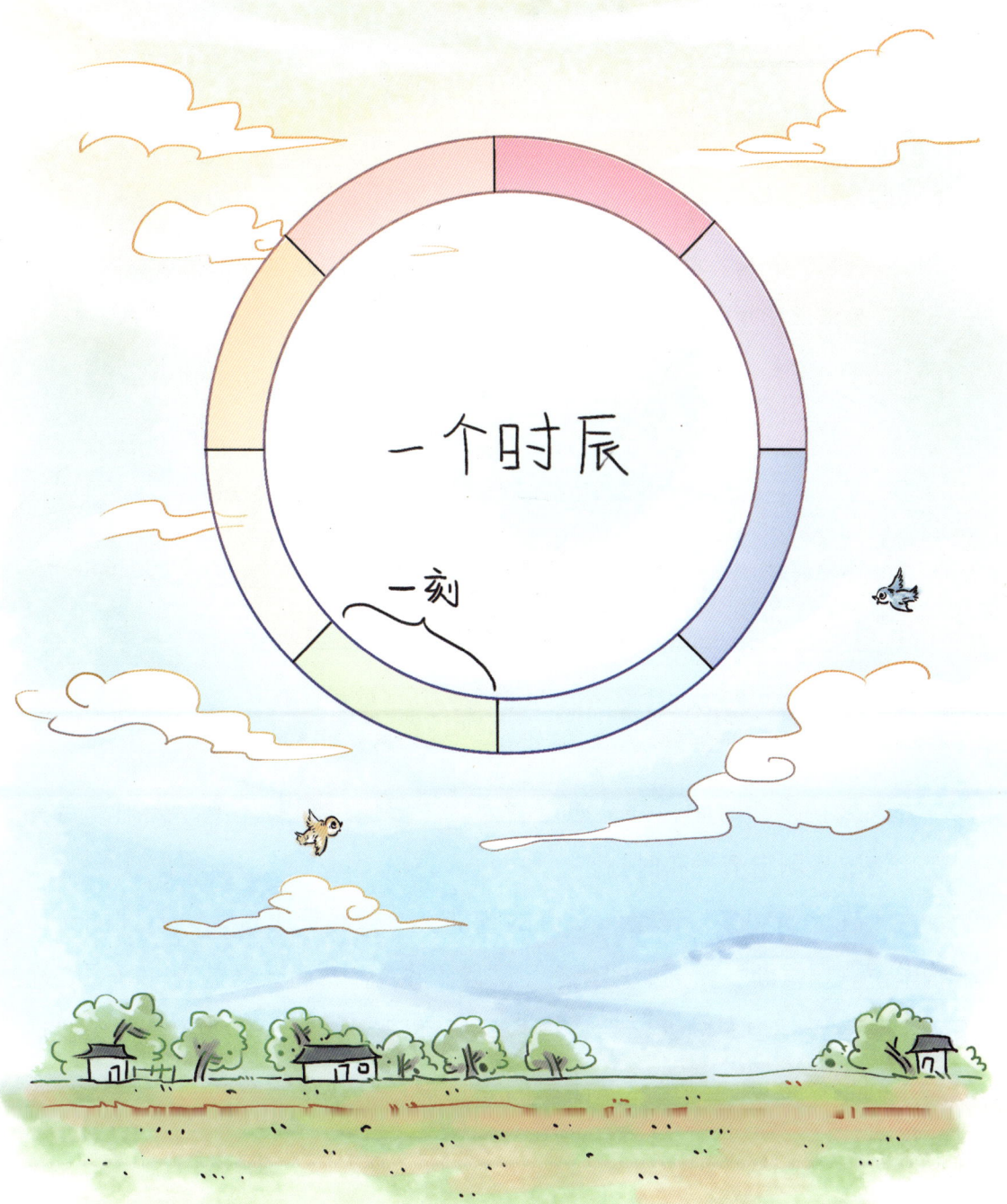

汉字看中国

tiān
天

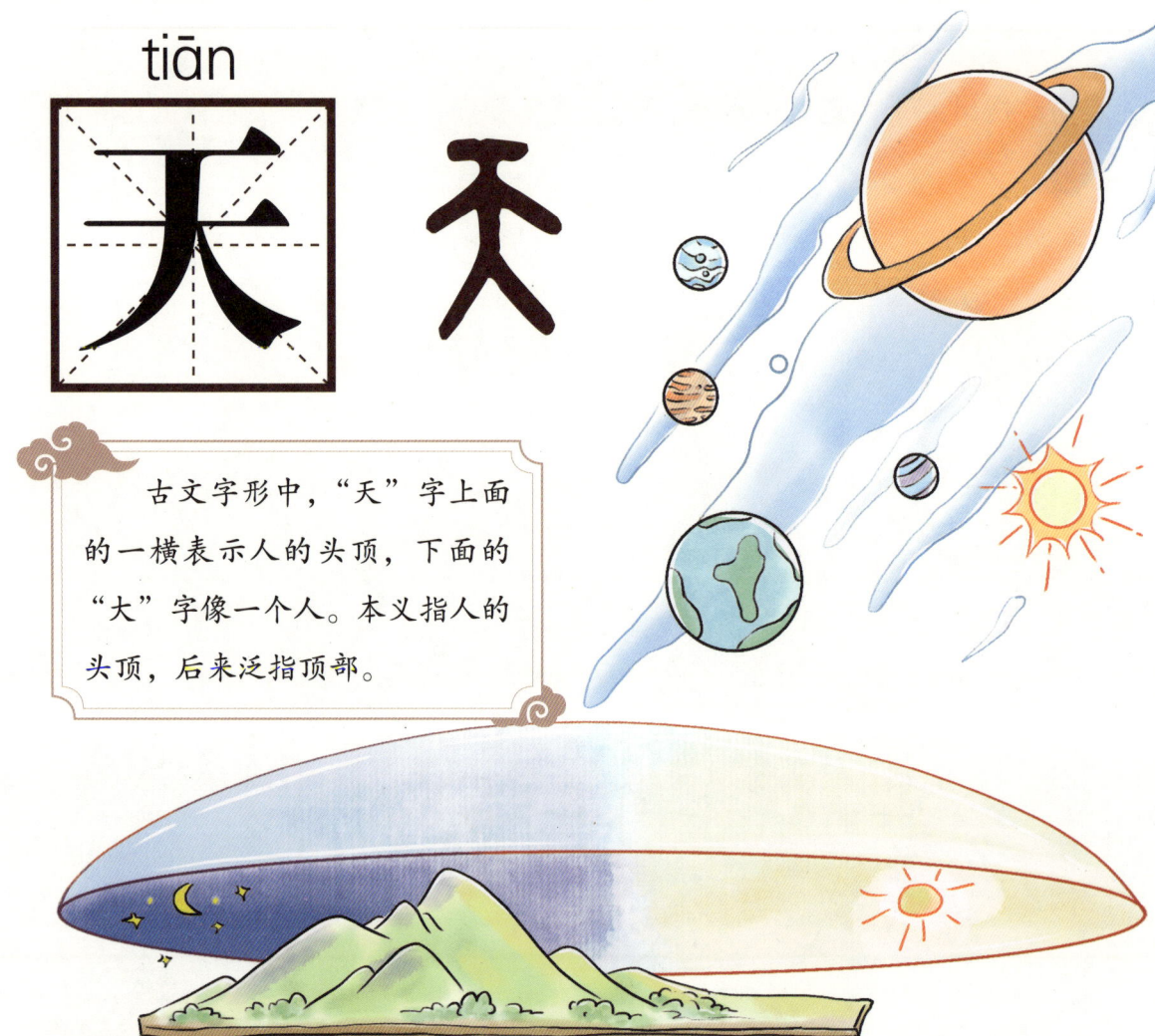

古文字形中，"天"字上面的一横表示人的头顶，下面的"大"字像一个人。本义指人的头顶，后来泛指顶部。

古人对天的观测学说的演变

古人最初推断时间，都是通过看天。主要通过观察天色、太阳和月亮的变化情况来测定节气和时刻。

古人在大量观察、记录和研究的基础上，曾经提出过几种不同的天体结构学说。据推断，西周时期就有了"盖天说"，认为天像盖子一样罩在地面上，天每天都自东向西运转，日月星辰都跟着它转，同时，日月又在进行自己的相反运动，只是速度比天的运行慢，以此来解释日月每天东升西落的现象。

古代人怎样计时？

hún

古文字形中，"浑"字的"水"旁像河流，表示大河的水流声；"军"表音，也可以理解为大河的水流声像军队交战时的喊杀声一样。本义指巨大的水流声，引申指浑浊。

东汉早期一些天文学家提出了"宣夜说"，认为天是无形、无质、无体的，又高又远，没有极限，人无法用肉眼了解天的具体形态，日月星辰都是飘浮在天的虚空中的。地的厚度也是无法测量的。因此，天和地都是相对稳定的。

东汉时期的张衡完善了天文学家落下闳曾提出过的"浑天说"，认为天是圆球状的，有南北两极，地是浮在水面上的，天地之间充满了水、气，来维持天地的平衡稳定。张衡还进一步完善了落下闳发明的测量天体位置的浑仪和天文学家耿寿昌发明的演示天体运动的浑象，制造出了水运浑天仪。

汉字看中国

yí

仪

儀

古文字形中,"仪"字的"人旁"像侧身站立的人,表示人的容貌、举止;"義"表示发音,含有仪容的意思。合起来本义指人的容貌、举止,后来引申指有演示功能的仪器。

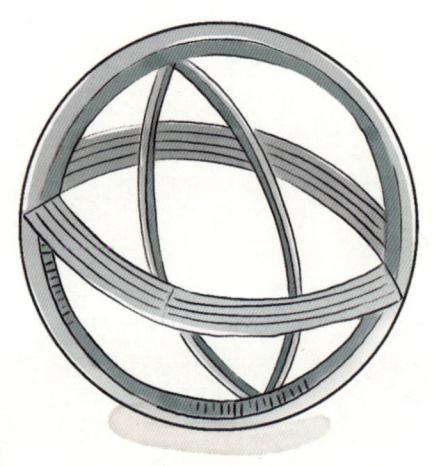

演示天象运行的仪器出现了

西汉时期的天文学家落下闳发明了浑仪,浑仪是由若干个包括赤道圈等环圈组成的,可以测量天体位置的数据,可以演示天象,帮助观测、记录日月星辰的变化规律,测定节气和气候。

西汉时期的天文学家耿寿昌制造的浑象,是一种可绕轴转动的圆球,球上刻画有星宿、赤道、黄道、恒隐圈、恒显圈等,主要用于象征天球的运动,表演天象的变化。

到了东汉时期，天文学家张衡制造出水运浑天仪，用水作动力，利用滴漏中滴出来的水来推动齿轮，带动浑天仪运转，使浑天仪能够一昼夜转动一周，把天象变化形象地演示出来。

落下闳和张衡，都是中国古代了不起的天文学家，为了纪念他们在天文学方面取得的伟大成就，国际小行星中心批准用他们的名字命名了"落下闳小行星"和"张衡小行星"。

汉字看中国

zhōng 钟

古文字形中,"金（钅）"旁表示钟是金属制成的响器,"童"表示发音。合起来本义指敲击会响的金属乐器。古代的一些寺院和乡村也有撞钟报时的习惯。

现代机械类钟表的祖先

唐朝的僧一行和梁令瓒设计改良的水运浑天仪,可以模仿天体运动,也可测定时间。据史书记载,仪器上还设有两个运用机械原理制成的木人,用齿轮带动,一个木人在每刻自动击鼓,一个木人在每个时辰（合现在两个小时）自动撞钟。水运浑天仪是世界上最早的机械时钟装置,是现代机械类钟表的祖先,比西方机械计时器早了六百年。

古代人怎样计时？

　　北宋的苏颂等人发明的水运仪象台，是世界上最古老的天文钟。它集合了观测天象的浑仪、演示天象的浑象、计量时间的漏刻和报告时刻的机械装置，形成一体的综合性观测仪器，就是一座小型的天文台。特别是在仪器上装有一个擒纵构件——"天衡"，这个构件可以让齿轮由连续运转转为间隔运转，既能减少机械疲劳，又能提高精度，一举两得。

　　元代天文学家郭守敬利用水做动力制造了大明殿灯漏，工作原理属于漏水计时仪，它是第一个脱离了天文仪器而独立出来的机械计时仪器，依靠水力发动，可以"一刻鸣钟、二刻鼓、三钲、四铙"，能自动报时，并装饰有能够按时自动跳跃的动物模型。因为造型像宫灯，放置在皇宫的大明殿，所以被称为"大明殿灯漏"。

shí

十

古文字形中，"十"像一根绳子上打了一个结，表示数字十。

十，是部首字，以十取义的字多与多数、完备等义有关。

以十为单位的计时周期

在人们心中，十年是一个非常重要的周期。如二十弱冠、三十而立、四十而不惑、五十而知天命、六十花甲、七十古来稀、八十耄耋等，都是以十年为单位，来记录一个人一生中不同的时段。

中国古代也以十岁为一旬，用来指人的年龄。比如，年过六旬，就是年纪超过了六十岁。

古代人怎样计时？

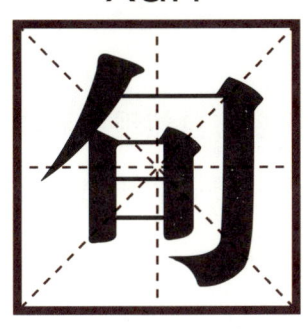
xún

古文字形中，"旬"字像一根打着结表示十字的绳子绕着日一圈，表示每十天为一旬。本义指十日。

在一个月里，以三十天为单位，将第一日到第十日称为"上旬"；将第十一日到第二十日称为"中旬"；将第二十一日到第三十日称为"下旬"。

不断演变的"时辰"制

古人逐渐掌握了更多时间变化的规律,这些规律大多与自然现象和农耕活动有关。他们选择了一些具有代表性的自然现象、生物活动和生活习惯等作为时间的节点,来认知时间,发明了十时辰制计时法。

十时辰制把白天分为五个时间点:朝、禺、中、晡、夕,把夜晚也分为五个时间点:甲、乙、丙、丁、戊。

古今时间对照表

子时	23:00—01:00	子初	23:00	夜半	又名子夜、中夜,十二时辰的第一个时辰
		子正	00:00		
丑时	01:00—03:00	丑初	01:00	鸡鸣	又名荒鸡,十二时辰的第二个时辰
		丑正	02:00		
寅时	03:00—05:00	寅初	03:00	平旦	又称黎明、早晨、日旦等,是夜与日的交替之际
		寅正	04:00		
卯时	05:00—07:00	卯初	05:00	日出	又名日始、破晓、旭日等,指太阳刚刚露脸、冉冉初升的那段时间
		卯正	06:00		
辰时	07:00—09:00	辰初	07:00	食时	又名早食等,古人"朝食"之时也就是吃早饭时间
		辰正	08:00		
巳时	09:00—11:00	巳初	09:00	隅中	又名日禺等,临近中午的时候
		巳正	10:00		
午时	11:00—13:00	午初	11:00	日中	又名日正、中午等
		午正	12:00		
未时	13:00—15:00	未初	13:00	日昳	又名日跌、日央等,太阳偏西为日跌
		未正	14:00		
申时	15:00—17:00	申初	15:00	晡时	又名日晡、夕食等
		申正	16:00		
酉时	17:00—19:00	酉初	17:00	日入	又名日落、日沉、傍晚,意为太阳落山的时候
		酉正	18:00		
戌时	19:00—21:00	戌初	19:00	黄昏	又名日夕、日暮、日晚等,此时太阳已经落山,天将黑未黑。天地昏黄,万物朦胧,故称黄昏
		戌正	20:00		
亥时	21:00—23:00	亥初	21:00	人定	又名定昏等,此时夜色已深,人们也已经停止活动,安歇睡眠了。人定也就是人静
		亥正	22:00		

古代人怎样计时？

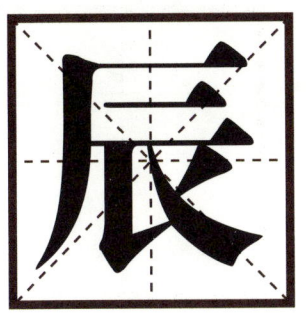

chén
辰

古文字形中，"辰"像一把蚌壳锄，表示太阳出来拿着锄下地干活的时间是清晨，本义指一种农具，引申指辰时，也指日、月、星的总称——星辰。

辰是部首字，以辰取义的字多与时日、耕种有关。

十二时辰制

西周

夜半、鸡鸣、平旦、日出、食时、隅中、日中、日昳、晡时、日入、黄昏、人定

汉

子初、子正、丑初、丑正……

宋

大约到了周朝，人们开始使用十二时辰制。到了汉代命名为：夜半、鸡鸣、平旦、日出、食时、隅中、日中、日昳、晡时、日入、黄昏、人定。

宋代以后，又把十二时辰中每个时辰平分为初、正两部分，比如：子初、子正、丑初、丑正……依次下去，恰为二十四时辰，同现在一天二十四小时时间一致。

古文字形中，"方"像古代的农具耒。本义指一种古代农具或并行的两条船，引申指方位、方向等。

方是部首字，以方取义的字多与并排、旁边和方形有关。

看太阳的方位也能计时

聪明的古人很早就发现日、月、星辰等天象的运动和时间存在着一定的联系，掌握这些天象运行的规律，观测日、月的方位变化，了解星辰的位置，就可以通过天象知晓时间了。

春秋战国时期的天文历算学家为了研究天象，把天穹以北极为中心划分了十二个方位，分别用十二个时辰表示，他们认为太阳每昼夜绕北极旋转一圈，会依次经过天穹上的十二个方位，就把这十二个时辰作为划分一天时段的单位，这就是最早的十二时辰制。

这种根据天象方位的计时方式最初用"日加某方位"或"时加某方位"来表示,例如"日加卯"或"时加卯"。这种计时方式在西汉的文献中有很多记载,如《周髀算经》中记载"日加酉之时、日加卯之时";《汉书·翼奉传》记载"日加申",又言"时加卯"等。

唐朝以前,十二时辰制的最小单位就已经精确到相当于现在的十分钟了。

古人把一昼夜分为十二个时辰后,用十二地支名加上"时"字表示时辰。即子时、丑时、寅时、卯时、辰时、巳时、午时、未时、申时、酉时、戌时、亥时。每一时辰相当于今天的两个小时。

古文字形中,"位"字的"人"旁表示与人的活动有关;"立"像一个人站在地上。合起来表示人站立的位置,本义指位置。

古文字形中，"干"像带杈的树棍，远古时期指狩猎作战用的武器。本义指一种原始武器，后来引申指主干、主体。

 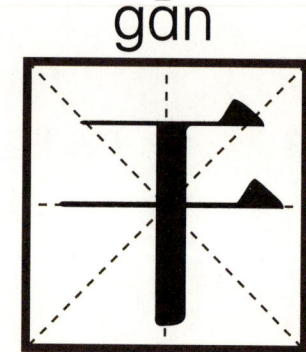

十天干：

甲（jiǎ）、乙（yǐ）、丙（bǐng）、丁（dīng）、戊（wù）、己（jǐ）、庚（gēng）、辛（xīn）、壬（rén）、癸（guǐ）。

十二地支：

子（zǐ）、丑（chǒu）、寅（yín）、卯（mǎo）、辰（chén）、巳（sì）、午（wǔ）、未（wèi）、申（shēn）、酉（yǒu）、戌（xū）、亥（hài）。

干支表

01甲子	11甲戌	21甲申	31甲午	41甲辰	51甲寅
02乙丑	12乙亥	22乙酉	32乙未	42乙巳	52乙卯
03丙寅	13丙子	23丙戌	33丙申	43丙午	53丙辰
04丁卯	14丁丑	24丁亥	34丁酉	44丁未	54丁巳
05戊辰	15戊寅	25戊子	35戊戌	45戊申	55戊午
06己巳	16己卯	26己丑	36己亥	46己酉	56己未
07庚午	17庚辰	27庚寅	37庚子	47庚戌	57庚申
08辛未	18辛巳	28辛卯	38辛丑	48辛亥	58辛酉
09壬申	19壬午	29壬辰	39壬寅	49壬子	59壬戌
10癸酉	20癸未	30癸巳	40癸卯	50癸丑	60癸亥

古代人怎样计时？

结合天地特征的天干地支纪年法

传说，早在黄帝时期，古人就结合天象和地象的变化规律，发明了干支纪年法，干支是天干和地支的合称。干支的发明标志着最原始的历法出现了，配合数字用来计算年岁。

东汉以后干支纪年法开始正式通行使用。

西汉时期的天文学家落下闳创制了《太初历》，按照干支纪年法规定了春节的时间，干支纪年法中，每年都由立春开始，立春之后才是新的一年，一直流传到今天。落下闳也被称为"春节老人"。

十二生肖也做了计时法

古人还根据动物出没的时间和生活特征，用鼠、牛、虎、兔、龙、蛇、马、羊、猴、鸡、犬、猪十二种动物作为十二生肖，每一种动物代表一个时辰，形象地代表了十二地支，十二地支计时法也被称为十二生肖计时法。

zhī

支

古文字形中，"支"像一只手拿着半支竹条。本义指枝条，后来用枝代替了支，引申指分支等意。

古代人怎样计时？

子（鼠）时：十一点到一点，以十二点为正点。这时的老鼠胆量最大，活动最频繁。

丑（牛）时：一点到三点，以两点为正点。这时的牛吃足了草，倒嚼最细、最舒服。

寅（虎）时：三点到五点，以四点为正点。这时的老虎最活跃、最凶猛。

卯（兔）时：五点到七点，以六点为正点。这时太阳还没出来，玉兔代表月亮。

辰（龙）时：七点到九点，以八点为正点。这时是传说中群龙行雨的时候。

巳（蛇）时：九点到十一点，以十点为正点。这时的蛇多隐藏在草丛中，不会出来伤人。

午（马）时：十一点到一点，以十二点为正点。这时一般动物都会休息，只有马还习惯地站着。

未（羊）时：一点到三点，以两点为正点。这时的羊撒尿最勤，据说可以治好它们自身的一种病。

申（猴）时：三点到五点，以四点为正点。这时的猴子喜欢叫，声音最长、最响亮。

酉（鸡）时：五点到七点，以六点为正点。这时太阳落山，鸡会进窝，准备睡觉了。

戌（狗）时：七点到九点，以八点为正点。这时天黑了，狗的警惕性最高，能看得更远、更清楚。

亥（猪）时：九点到十一点，以十点为正点。这时的猪睡得正香，肉长得也最快。

五更分别是现在的什么时间？

虽然后来有了更准确的计时器，但是古人还是习惯把一夜分为五个时段，叫五夜、五更或者五鼓。夜晚的五更，逐渐成为古代夜间安全巡逻的节点，敲鼓或敲锣来报时，这种方式，一直延续到了清朝末年。

那五更和现代时间怎么对应呢?

人们把每更分为五点,每点大约等于现在的24分钟,一更大约两个小时,这种方法也称为"五更"计时法。古人用滴漏计时,夜里凭借漏刻计算更时,在每一更时还要进行安全巡逻,敲鼓报更、报平安。

五更和现代时间的对应关系:

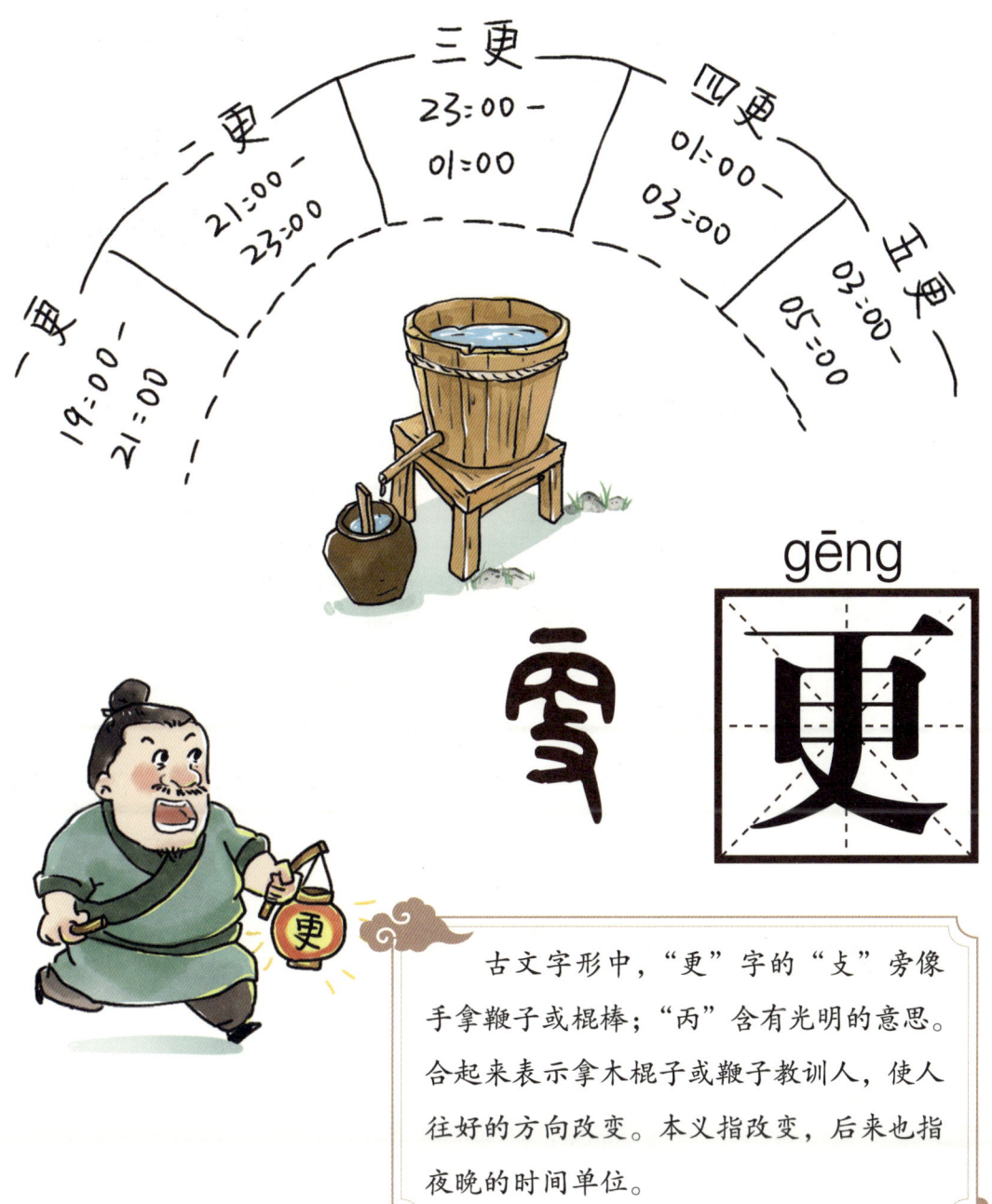

古文字形中,"更"字的"攴"旁像手拿鞭子或棍棒;"丙"含有光明的意思。合起来表示拿木棍子或鞭子教训人,使人往好的方向改变。本义指改变,后来也指夜晚的时间单位。

汉字看中国

古文字形中,"黑"表示火熏出的黑色;"占"表音。本义指黑点,引申指小滴、小斑痕,时间的小时等。

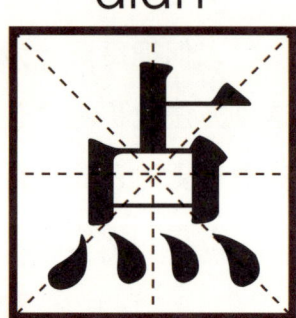

用"小时"来计时了

到了 17 世纪,欧洲的物理学家研究出了现代机械钟表,计时更加精确。世界上很多国家广泛使用的十二小时制和二十四小时制计时法传入后,我国也开始采纳这种计时法。二十四小时制是国际标准时间系统。

古代人怎样计时?

　　十二小时制 [12：00：00——11：59：59] 是把二十四小时分成两个时段，没有 0 点的概念，从 12：00：00 开始，而不是从 01：00：00 开始！

　　钟表传入中国后，人们将中国的时辰和西方的小时，分别称为"大时"和"小时"。随着钟表的普及，人们更习惯了使用二十四小时的计时方式，逐渐将"大时"淡忘了，而"小时"一直沿用到今天，中国的老百姓也常习惯地用"点"来称呼以小时为单位的时间。

于方正天地 寻华夏之根

扫码学汉字

解字说书台
配套有声书,挖掘汉字故事。

识字游乐园
汉字消消乐,一起边玩边学。

汉字考古集
历史纪录片,学汉字寻古迹。

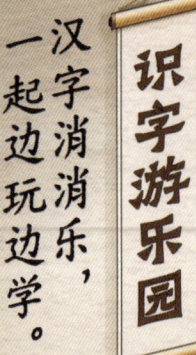